LE COTILL...

LE COTILLON

Salon des Cours de M. Laborde.

Il y a peu de soirées maintenant qui ne soient terminées par un **Cotillon** et tous les danseurs sont dans l'obligation, sinon de savoir le diriger, au moins d'en connaître les principales figures.

Je me suis conformé aux désirs de mes Élèves qui ont senti cette nécessité, et j'espère pouvoir leur être utile en leur facilitant la mission difficile et souvent délicate de conduire un Cotillon.

Je les prie d'accepter ce petit ouvrage composé tout à leur intention.

Laborde, Professeur

PARIS. 30. Rue de la Victoire.

Le Cotillon de Valse termine habituellement une soirée.— Quand l'orchestre a donné le signal, tout le monde doit s'asseoir et les Couples se placent à la suite les uns des autres.

Le Premier Couple valse et fait une figure. Les autres Couples partent successivement après lui et répètent cette figure.— Lorsqu'elle est terminée, le premier Couple commence une autre figure que les Couples suivants répètent à leur tour.

Chaque Couple commence toujours par un tour de Valse la figure qu'il va faire.— Chaque figure se termine toujours par une Valse générale des personnes qui l'ont composée.

Le Cavalier qui est en tête du Cotillon fait le premier la figure, indique à chacun le moment où il doit partir, veille à l'exécution des figures, donne le signal de la valse qui les termine: il s'appelle le **Cavalier Conducteur**.

Ce Cavalier ne doit laisser aucune interruption entre les figures, c'est lui qui doit juger, d'après le nombre des personnes qui forment le Cotillon, le nombre de Couples qui doivent faire simultanément une figure.

En effet j'ai indiqué le nombre de Couples nécessaires pour chaque figure mais le Cavalier Conducteur doit apprécier s'il ne convient pas de l'augmenter. Il y a des figures dans lesquelles un ou deux Couples suffisent. Mais dans un Cotillon un peu nombreux si le Cavalier Conducteur n'avait pas le soin de faire partir 4, 5 ou 6 Couples, il arriverait que la figure durerait une demie heure peut-être et le Cotillon perdrait cette vivacité, ce mouvement, qui ont tant contribué à le faire adopter dans les Salons, comme le final obligé d'un Bal ou d'une Soirée.

L'animation et l'entrain du Cotillon dépendent entièrement de l'activité du Cavalier Conducteur, de la connaissance approfondie qu'il aura des figures, de leur agencement, du nombre de Dames ou de Cavaliers que les personnes qui les composent doivent aller chercher.

L'orchestre ne doit mettre aucune interruption, il attendra, pour s'arrêter, les ordres du Cavalier-Conducteur.

Les figures principales les plus usitées, qui sont comme la base du Cotillon, ont été dessinées et lithographiées avec le plus grand soin et la plus grande exactitude par M. A. Faivre.

Les Fleurs.

Les Ronds. N.º 3.

Les deux Dames présentées.

Le Coussin.

L'Eventail.

Le Colin-Maillard assis.

Le Chapeau.

Le Mouchoir.

Les 4 Coins assis.

Les Ronds, Nº 1.

Le Moulinet.

Les bras levés.

Le Rond.

Le Rond déployé.

FIGURES DU COTILLON.

Les Fleurs.

Le Cavalier Conducteur choisit deux Dames qui lui donnent chacune le nom d'une fleur.— Il fait choisir les deux fleurs à un Cavalier.— Sa Dame prend deux Cavaliers et fait la même figure.

Les Ronds. N°1.

Le Cav. Cond.[1] laisse sa Dame au milieu du salon et va chercher deux Cav.— Rond des 3 Cav. autour de la Dame qui en choisit un pour valser.— les autres retournent à leurs places.

N° 2.

Le Cav. Cond. laisse sa Dame au milieu du salon et vient former un rond autour d'elle avec une Dame et un Cav. La Dame du Cav. Cond. choisit un des deux Cav. qui tournent autour d'elle et l'autre Cav. valse avec la seconde Dame.

N° 3.

Le Cav. Cond. prend 2 Dames, sa Dame prend 2 Cav.— Ils forment deux ronds vis-à-vis en tournant rapidement _ *Au signal donné* le Cav. Cond. passe sous les bras des deux Dames, sa Dame passe sous les bras des 2 Cav.— Ils valsent ensemble, les 2 autres Cav. valsent avec les Dames qui sont en face d'eux.

Les Vis-à-vis.

Le Cav. Cond. choisit 2 Dames, sa Dame choisit 2 Cav.— Ils se placent en vis-à-vis et s'élancent rapidement.— Chaque Cav. valse avec la Dame qui se trouve en face de lui.

[1] *Abréviation de Cavalier Conducteur.*

Imp. Bertauts, r. Cadet n. Paris.

Les deux Dames présentées.

Le Cav. Cond. fait asseoir sa Dame au milieu du salon et lui présente 2 Cav._ Elle en choisit un pour valser. Le Cav. Cond. fait asseoir le Cav. refusé, lui présente 2 Dames et valse avec celle qu'il n'a pas choisie.

Le Coussin. N°1.

Le Cav. Cond. remet à sa Dame un coussin qu'elle présente successivement à plusieurs Cav. et qu'elle retire au moment où ils vont pour s'y agenouiller, jusqu'à ce que le Cav. lui convienne. _ Elle valse avec ce Cav. dont la Dame valse avec le Cav. Cond.

N° 2.

Le Cav. Cond. fait asseoir sa Dame au milieu du salon, met un coussin à ses pieds, et lui présente successivement plusieurs Cav._ Elle retire vivement le coussin devant eux et valse avec celui qui réussit à s'y agenouiller.

Le Changement de Dames. N°1.

Le Cav. Cond. fait asseoir sa Dame au milieu du salon et revient à sa place._ Le 2ᵉ Cav. valse avec sa Dame et la laisse à la place de la première Dame qu'il ramène à son Cav.

Les autres Cav. répètent successivement la même figure._ Le Cav. Cond. reconduit en valsant la dernière Dame.

N° 2.

Le Cav. Cond. fait asseoir sa Dame au milieu du salon et valse avec la Dame du second Cav._ Il la fait ensuite asseoir à la place de sa Dame qu'il reconduit.

Le 2ᵉ Cav. valse avec la 3ᵉ Dame et reprend la sienne en laissant à son tour cette Dame au milieu du salon. _ Les autres Cav. répètent la même figure _ Le Cav. Cond. ramène sa Dame que le dernier Cav. a été chercher pour délivrer la sienne.

Les Volte-Faces.

Départ du 1er Couple. _ Le Cav. se met derrière sa Dame qui va chercher un Cavalier. _ Celui-ci se lève et suit cette Dame et le Cav. Cond. qui ont fait volte-face. _ Ce dernier qui se trouve alors en tête de la colonne va chercher une Dame. On fait encore volte-face. _ Le Cav. à l'extrémité de la colonne se trouve en tête et va chercher une Dame. _ Nouvelle volte-face. La Dame en tête de la colonne appelle un Cav. _ au signal donné, chaque Cav. se retourne et valse avec la Dame qui se trouve derrière lui.

L'Eventail.

Le Cav. Cond. fait asseoir sa Dame au milieu du salon et lui remet un éventail. _ Il place 2 Cav. sur deux chaises à droite et à gauche. _ La Dame remet l'éventail a l'un des Cav. et valse avec l'autre.

(Dans les soirées intimes le Cav. qui reçoit l'éventail doit suivre le couple valsant et l'éventer. _ On remplace aussi cet éventail par un verre de Champagne ou toute autre chose.)

Le Colin-Maillard assis.

Le Cav. Cond. fait asseoir un Cav. au milieu du salon et lui bande les yeux. _ Il place d'un côté sa Dame, de l'autre un Cav. _ Le Cav. qui a les yeux bandés choisit à sa droite ou à sa gauche. _ Il valse avec la Dame s'il la choisit, dans le cas contraire c'est le Cav. Cond. qui valse avec elle, les deux autres Cav. valsent ensemble.

Le Chapeau.

Le Cav. Cond. remet à sa Dame un chapeau et forme autour d'elle avec plusieurs Cav. un rond à l'envers en tournant rapidement. La Dame met le chapeau sur la tête du valseur qu'elle choisit.

L'Echarpe.

Le Cav. Cond. au milieu d'un rond de Dames tournant rapidement et à l'envers met une écharpe sur les épaules de la Dame qu'il choisit.

Les Cavaliers refusés.

Le Cav. Cond. fait asseoir sa Dame au milieu du salon et lui présente successivement plusieurs Cavaliers _ Les Cav. refusés se placent derrière cette Dame et retournent à leurs places quand elle a fait son choix. __

Les Couples refusés.

Le Cav. Cond. présente à sa Dame plusieurs couples qui se placent derrière elle. _ Elle valse avec le Cav. du couple qu'elle accepte, le Cav Cond. valse avec la Dame de ce Cav. _ Valse générale des Couples qui sont derrière

La Poursuite. N°1.

Le Cav. Cond. part en valsant _ Le second le poursuit et cherche à l'atteindre. _ Lorsqu'il a réussi, le 1er Couple retourne à sa place et le 2e Cav. est poursuivi à son tour par le Cav. qui suit. _ Et ainsi de suite.

Le Cav. Cond. court sur le dernier Couple.

N° 2.

Le Cav. Cond. tient derrière lui en valsant un chapeau dont il présente l'ouverture en dehors. _ Le 2e Cav. cherche à y jeter une paire de gants. _ Lorsqu'il a réussi, il prend le chapeau à son tour et c'est aux Cav. suivants à y jeter les gants.

Le Huit.

Le Cav. Cond. place 2 chaises à distance au milieu du salon. _ Chaque Cav. valse successivem! autour de ces 2 chaises sans s'arrêter et en décrivant un huit.

Les Bouquets. N°1.

Le Cav. Cond. et sa Dame prennent chacun un bouquet qu'ils vont offrir, le Cav. à une Dame, sa Dame à un Cav. p! les inviter à valser

N° 2.

Le Cav. Cond. prend les bouquets de plusieurs Dames, les mêle ensemble et les donne à choisir à plusieurs Cav. qui vont chercher pour valser les Dames auxquelles ils appartiennent

Le Mouchoir.

Le Cav. Cond. présente 4 Cav. à sa Dame qui tient les 4 coins de son mouchoir reunis dans la main, en cachant le nœud qu'elle a fait à l'un des coins. _ Elle valse avec le Cav. auquel il échoit en partage.

Les Gages.

Le Cav. Cond. conduit sa Dame devant plusieurs Dames qui déposent un gage dans un chapeau qu'elle tient à la main_ Les Cav. auxquels cette Dame distribue ces gages valsent avec les Dames auxquelles ils appartiennent.

Les Cartes.

Le Cav. Cond. donne à 4 Dames les 4 Rois d'un jeu de cartes, sa Dame donne les 4 Dames du même jeu à 4 Cav._ Les Cav. se levent et vont chercher les Dames du Cotillon qui ont les Rois correspondants aux cartes qu'ils ont recues.

Les Pièces de 5 francs.

Le Cav. Cond. et sa Dame remettent 4 pièces de 5 francs. L'un à 4 Dames, et l'autre à 4 Cav._ Chaque Cav. frappe par terre avec sa pièce et va chercher, pour valser, la Dame qui répond à son signal.

Les Cavaliers trompés.

Le Cav. Cond. s'approche d'un Cav. en lui présentant sa Dame pour valser._ Au moment ou ce Cav. se lève pour accepter, la Dame entraîne vivement son Cav. qui la conduit successivement devant plusieurs autres_ Lorsqu'elle en accepte un, le Cav. Cond. valse avec la Dame de ce Cav.

Les 4 Coins assis.

On place 4 chaises au milieu du salon. Le Cav. Cond. fait asseoir les 4 premières Dames du Cotillon et se tient debout au milieu d'elles. les Dames changent de places jusqu'à ce que le Cav. puisse s'emparer d'une des chaises_ Il valse avec la Dame dépossédée._ La Dame et le Cav. suivants les remplacent.

Le Double Rond.

Deux Couples._ Le 1ᵉʳ Cav. va chercher 3 Cav. et forme avec eux un rond autour de sa Dame _ La Dame du 2ᵉ Couple va chercher 3 Dames et forme avec elles un rond autour de son Cav.

Le Cav. et la Dame qui se trouvent au milieu des 2 ronds choisissent, l'un une Dame, l'autre un Cav._ Les autres Cav. et les autres Dames se développent sur 2 lignes et valsent en vis-à-vis.

Les Couples croisés.

Deux Couples se croisent en valsant._ Les 2 Cav. se rapprochent, se prennent par la main gauche et changent vive- -ment de Dames sans interrompre leur valse. Au second changement ils retrouvent leurs Dames et les 2 Couples suivants leur succèdent!

Le Ruban. Nᵒ 1.

Deux Cavaliers tiennent chacun de la main gauche l'extrémité d'un ruban et lèvent les bras de manière a pouvoir valser sans quitter ce ruban._ *Au signal donné*, les deux couples suivants leur succèdent. .

Nᵒ 2.

Quatre Couples._ Les 4 Cav. prennent chacun un bout de deux rubans noués en croix et valsent en levant les bras de manière à passer par dessous.

Les Cavaliers et les Dames présentés.

Deux Couples._ Le Cav. Cond. place deux chaises au milieu du salon._ Il fait asseoir sa Dame sur la première, le 2ᵐᵉ Cav. s'asseoit sur l'autre.

Le Cav. Cond. et la Dame du 2ᵐᵉ Cav. vont chercher successivement l'un un Cav. l'autre une Dame jusqu'à ce qu'ils soient acceptés._ Les Couples refusés valsent ensemble.

La Course assise.

Deux Couples._Le Cav.Cond.place deux chaises dos-à-dos au milieu du salon._Il fait asseoir sa Dame et revient devant elle avec deux Dames._Le 2me Cav. s'asseoit sur l'autre chaise et sa Dame se place devant lui avec 2 Cav.

_au signal donné, on s'élance en avant et chacun valse avec son vis-à-vis.

Le Changement de Cavaliers.

Deux ou trois Couples partent ensemble en valsant._Plusieurs Cavaliers se lèvent et les poursuivent. Ils avertissent les Cav. valsants en frappant des mains et s'emparent aussitôt de leurs Dames qui leur sont enlevées de la même manière.

Lorsque les Dames ont changé plusieurs fois de Cav. elles retournent à leurs places et les Couples suivants leur succèdent

La Chasse aux mouchoirs.

Trois Couples._Les Cavaliers laissent leurs Dames au milieu du salon et font un rond autour d'elles avec plusieurs Cav._Les 3 Dames jettent en l'air leurs mouchoirs et valsent avec ceux des Cav. qui s'en emparent.

Les Dames assises.

Trois Couples._Le Cav.Cond. place 3 chaises adossées au milieu du salon._Les 3 Cav. font asseoir leurs Dames et vont chercher chacun un Cav._Rond des 6 Cav. autour des Dames assises._au signal donné, les Cav. se quittent les mains et cherchent à valser chacun avec une des Dames.

Les Moulinets. N.º 1.

Trois Couples._Moulinet des Cavaliers qui se donnent chacun la main gauche et gardent leurs Dames de la main droite. _ Chaque Dame en tournant. appelle un Cav. qui choisit une nouvelle Dame. _ *Au signal donné*, valse générale.

N.º 2.

Trois Couples._Moulinet. _ *Au signal donné*, chaque Dame avance d'un Cavalier._Valse. _ *(Les Cav. ont soin de garder l'ordre dans lequel ils se trouvent.)* Nouveau Moulinet. _ Les Dames avancent encore d'un Cav. _ Valse. _ La figure se ter--mine lorsque les Dames retrouvent leurs Cavaliers.

N.º 3.

Trois Couples. _ Moulinet. _ Le Cav. Cond. et celui qui est derrière lui se croisent le bras gauche et changent vivement de places et de Dames. _ Valse et Moulinet. _ Le Cav. Cond. fait le même changement. avec le 3.º Cav.

Les 2 autres Cav. exécutent successivement les mêmes changements._Valse générale lorsque chaque Cav. retrouve sa Dame.

N.º 4.

Moulinet. des 3 premiers Couples. _ Les 3 Couples suivants viennent valser dans les interstices. _ *Au signal donné*, les 3 premiers Couples retournent à leur place, les 3 autres se donnent la main en Moulinet. _ Trois Couples viennent valser dans les interstices. _ Et ainsi de suite.

N.º 5.

Six Couples. _ Moulinet des 1.º. 3.º et 5.º Couples ; les trois autres valsent dans les interstices. _ *Au signal donné* Les 2.º, 4.º et 6.º Couples se donnent les mains en Moulinet et les premiers valsent à leur tour._Valse géné--rale après plusieurs changements.

N.º 6.

Quatre Couples._ Moulinet des 2.º et 4.º Couples; les 1.º et 3.º valsent ._ *Au signal donné* les 1.º et 3.º se donnent les mains; les 2.º et 4.º valsent à leur tour._ Moulinet général; les Dames avancent d'un Cavalier._ Valse des 1.º et 3.º Cav. d'abord, des 2.º et 4.º ensuite. Nouveau moulinet général, les Dames avancent encore d'un Cav. Nouvelle valse des 1.º et 3.º Cav. puis des 2.º et 4.º_ Et ainsi de suite. Valse générale lorsque les Dames retrouvent leurs Cavaliers.

N.º 7.

Trois Couples._ Moulinet _ Chaque Dame appelle un Cav. qui choisit à son tour une autre Dame._ *Au signal donné*, les Dames à l'extrémité de chaque ligne viennent donner la main aux Cav. qui servent de Pivots._

Il se forme ainsi trois ronds.

Nouveau signal _ Les Cav. qui servaient de pivots quittent leurs Dames de gauche et forment un nouveau Moulinet._ Nouveaux Ronds et Valse générale.

N.º 8.

Deux Couples._ Les deux Cav. et les deux Dames se donnent la main et tournent en Moulinet._ Chaque Cav. appelle un Cav.; chaque Dame, une Dame._ Les Cav. et les Dames des extrémités appellent de nouveau des Cav. et des Dames._ *Au signal donné*, les deux lignes de Cav. se retournent et chacun valse avec la Dame qui se trouve derrière lui.

Le Steeple-Chase.

Quatre Couples._Chaque Cavalier va chercher un Cav., chaque Dame, une Dame._ Le Cav.Cond. conduit les Dames dans une pièce voisine et se place avec sa Dame à l'entrée._Ils tiennent un mouchoir par dessus lequel les Cavaliers formant une chaîne libre sautent pour aller choisir les Dames.

Les bras levés.

Quatre Couples._Deux Cavaliers se placent dos-à-dos et lèvent leurs bras en l'air les deux autres leur prennent, chacun d'un côté la main droite et la main gauche.

Les 4 Dames se tenant par la main tournent en rond sous les bras des Cav._ *Au signal donné,* Valse générale.

Les Dames cachées.

Le Cav.Cond. conduit plusieurs Dames dans une pièce voisine et va chercher plusieurs Cav._Elles leur présentent leurs mains à choisir par dessus un châle déployé.

Quelquefois on place aussi les Dames derrière une portière ou un rideau.

Le Rond des Cavaliers.

Quatre Couples._Les Cavaliers placent leurs Dames aux 4 coins du salon, appellent un 5me Cav. et tournent rapidement au milieu du salon._ *Au signal donné,* les Cav. se séparent et cherchent à valser avec une des Dames.

Un des Cavaliers reste seul.

La double Poursuite.

Trois Couples._Le Cav.Cond. poursuit l'un des deux autres Couples._Il court toujours sur celui qui réussit à passer entre lui et le Couple qu'il poursuivait d'abord._Les deux autres Cavaliers répètent la figure.

Les Chaînes libres. N.° 1.

Trois Couples. _ Chaque Cavalier prend un Cav. ; chaque Dame, une Dame. *(Le Cav. Cond. choisit seul 2 Cav.)* _ Les Dames se placent en colonne les unes derrière les autres. _ Le Cav. forme avec les autres Cav. une chaîne libre, et les entraîne entre chaque Dame. _ Valse générale lorsqu'il arrive en tête de la colonne.

N.° 2.

Quatre Couples. _ Les Dames se placent en colonne. _ Les Cavaliers, formant une chaîne libre, tournent en rond successivement autour de chaque Dame. _ Le Cav. Cond. doit conduire la chaîne de façon à faire alternativement un rond à l'endroit et un rond à l'envers.

N.° 3.

Trois Couples. _ Chaque Cavalier prend un Cavalier; chaque Dame une Dame. _ Les Dames forment 3 rangs. une seule Dame, au premier rang; deux Dames derrière elle au second rang; trois Dames au dernier. _ Chaîne libre des Cavaliers et Valse générale.

Les Tiroirs.

Trois Couples. _ Chaque Cavalier choisit deux Cavaliers, chaque Dame, deux Dames.

Le Cav. Cond. se place en tête avec les deux Cav. qu'il a choisis. _ Sa Dame se place derrière lui avec les 2 Dames qu'elle a choisies. _ Les autres Cav. et les autres Dames se placent à la suite dans le même ordre. On fait quelques pas en avant. _ *Au signal donné*, les Cav. se retournent. _ Valse générale.

La Corbeille.

Trois **Couples**._Les trois **Cavaliers** d'un côté, les trois **Dames** de l'autre se placent en vis-à-vis._Les deux **Cav.** des extrémités, sans quitter la main du troisième passent sous les bras des **Dames** et se donnent les mains derrière celle du milieu._Les deux **Dames** des extrémités se donnent les mains derrière le **Cav.** du milieu.

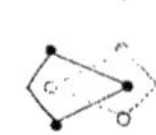

Le **Cav.** et la **Dame** au milieu se baissent et sans quitter les mains des autres personnes passent l'une sous les bras des **Cav.**, l'autre sous les bras des **Dames**._(Voir la Figure du Rond.) *Au signal donné,* on délace les bras_Rond ordinaire. et chaque **Cav.** valse avec la **Dame** qui est à sa droite.

Les Dos-à-Dos. N.°1.

Quatre **Couples**_Chaque **Cavalier** va chercher une **Dame** ; chaque **Dame** un **Cav.**_On se place en colonne de manière que chaque **Cav.** ait sa **Dame** devant lui et soit dos-à-dos avec la **Dame** du **Couple** qui précède._*Au signal donné* les **Cav.** et les **Dames** se retournent et le **Cav. Cond.** qui se trouve en tête de la Colonne va prendre la **Dame** qui est à l'autre extrémité.

N.°2.

Trois **Couples**. _ Chaque **Cavalier** prend un **Cav.**; chaque **Dame**, une **Dame**. (Le **Cav. Cond.** choisit seul 2.**Cav.**)_ Les **Dames** se mettent en ligne, les unes à côté des autres; Chaque **Cav.** se met derrière une **Dame** dos-à-dos. *Au signal donné* le **Cav. Cond.** qui est resté du côté des **Dames** en choisit une._Les **Cav.** valsent avec les **Dames** derrière lesquelles ils se trouvent.

_Un seul **Cavalier** reste sans **Dame**.

Moulinet des Dames.

Quatre Couples.— Rond général.—Les Cavaliers s'arrêtent, les Dames tournent en Moulinet jusqu'à ce qu'elles arrivent au Cav. qui précède le leur.—Valse.—Nouveau Rond général.—Nouveau Moulinet des Dames qui avancent encore d'un Cavalier.—Valse générale lorsque chaque Dame retrouve son premier Cavalier.

Le Rond déployé.

Quatre Couples.—Grand Rond.—(*Les Cav. se donnent les mains en dessus, les Dames se donnent les mains au dessous.*)

Le Cav. Cond. et sa Dame. quittent les mains du Cav. et de la Dame qu'ils ont à leur gauche.—On se déploie sur une seule ligne.—Les Cavaliers lèvent les bras, les Dames s'élancent en avant.—*Au signal donné,* Valse générale.

La Mer agitée.

Quatre Couples.— Le Cav. Cond. place deux rangs, chacun de 4 chaises adossées les unes aux autres.—Il fait asseoir les 4 Dames de manière que chacune ait une chaise libre à sa gauche.—Les 4 Cavaliers en choisissent plusieurs autres et font une chaine libre.—*Au signal donné,* ceux des Cavaliers qui ont réussi à s'asseoir valsent avec les Dames qu'ils ont à leur droite.

Les Ondulations.

Six Couples.—Grand Rond.—Chaque Cavalier valse à son tour dans l'intérieur du Rond, et les autres Couples, en formant des ondulations, cherchent à contrarier ses mouvements sans cependant le toucher.—Valse générale.

Les Ronds continus.

Quatre Couples.— Les Dames se mettent deux par deux, les Cavaliers se placent en vis-à-vis également deux par deux. Les 2 premiers Cav. tournent en rond avec les 2 premières Dames, et les font passer sous leurs bras devant les 2 autres Cav. avec lesquelles elles forment un nouveau Rond.— Les 2 premiers Cav. qui se trouvent devant les 2 autres Dames, les font passer de la même manière devant les Cav. suivants.

A mesure que les Ronds sont terminés les Cav. d'un côté, les Dames de l'autre, se déploient en ligne et en vis-à-vis et s'élancent rapidement.— Valse générale.

Les 4 Coins N.° 1.

Les 4 premiers Couples se mettent aux quatre Coins du salon.— Le premier Couple valse successivement autour des 3 autres Couples et retourne à sa place.— Le 5.me Couple est venu se mettre à sa place.— Le 2.me Couple part à son tour et sa place est prise par le 6.me Couple.— Ainsi de suite, jusqu'à ce que tous les Cavaliers aient fait la figure.

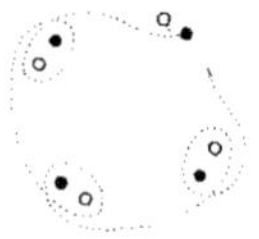

N.° 2.

On place 4 chaises aux 4 Coins.— Quatre Couples vont se placer chacun derrière une chaise.— *Au signal même*, Chaque Couple valse successivement autour de sa chaise, puis sans s'arrêter passe à la seconde, à la troisième et à la quatrième chaise.— Il faut avoir bien soin de se tenir à égale distance.

Le Cavalier trompé.

Cinq Couples. _ Ils se placent les uns derrière les autres._ La Dame du Cav. Cond. va choisir un Cav. _ Ils s'avancent chacun d'un coté de la colonne et cherchent à se rejoindre devant le Cav. Cond. qui est resté seul en tête et qui, sans regarder derrière lui, doit les empêcher de se réunir et s'emparer de sa Dame.

S'il y réussit, il valse avec elle, l'autre Cav. prend sa place et le Cav. et la Dame suivants font la même figure. Dans le cas contraire, c'est le Cav. Cond. qui reste en tête de la colonne._ Le dernier Cav. valse avec la dernière Dame.

Les Deux lignes.

Six Couples. _ Ils forment deux lignes vis-à-vis, l'une de Dames, l'autre de Cavaliers._ Le 1er Cav. valse avec sa Dame au milieu des deux lignes, remonte derrière les Cav. et descend derrière la ligne des Dames, au bout de laquelle il se place._ Sa Dame se met en face de lui à la suite des Cavaliers.

Chaque Couple répète cette figure._ Valse générale.

Les Ronds brisés.

Six Couples._ Rond des Cav., Rond des Dames._ Les Dames forment une chaine libre, et la Dame qui conduit la chaine entre dans le Rond des Cav. en passant sous leurs bras, de manière à former un Rond intérieur à l'envers._ Les Dames tournent dans un sens, et les Cav. dans un autre. _ Valse générale lorsque chaque Cav. rencontre sa Dame.

Le Rond brisé.

Six Couples. — Grand Rond, les Cavaliers d'un côté, les Dames de l'autre. — Le Cav. Cond. et sa Dame entraî-nant, l'une les Dames et l'autre les Cavaliers, passent sous le bras de la dernière Dame et du dernier Cavalier qui servent de Pivots, tournent autour d'eux et se déploient sur deux lignes vis-à-vis. — Valse générale

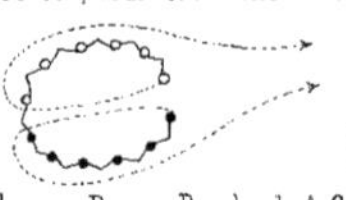

Le Double Rond déployé.

Huit Couples. — Deux Ronds de 4 Couples chacun. — Les Cavaliers du 1ᵉʳ Rond se donnent les mains par dessus, leurs Dames par dessous. — Les Cav. du 2ᵐᵉ Rond se donnent les mains par dessous, leurs Dames par dessus.

1ᵉʳ Rond.　　　　　　　　　　2ᵐᵉ Rond.

Les deux Ronds s'ouvrent et se déploient en vis-à-vis. — Les Dames du 1ᵉʳ Rond et les Cav. du 2ᵐᵉ Rond s'élancent en avant et valsent ensemble. — Les 4 autres Cav et les 4 autres Dames valsent en vis-à-vis.

Les Changements de Dames.

Quatre Couples. — Les 2 premiers Cavaliers gardent leurs Dames de la main droite, prennent chacun une Dame de la main gauche et se placent en vis-à-vis. — Les 2 autres Cav restés seuls, se placent en vis-à-vis dans le sens opposé. — Les 2 premiers Cav s'avancent l'un devant l'autre lèvent les bras et font passer la Dame de droite, à gauche, la Dame de gauche, à droite. — Les 2 autres Cavaliers prennent les mains de ces Dames, s'avancent à leur tour et font le même changement. — Valse générale, lorsque les Dames après 4 changements se retrouvent avec leurs Cavaliers.

Rond final.

Promenade générale.— Grand Rond.— Le premier **Couple** entre en valsant dans l'intérieur du cercle.— *Au signal donné, le* **Cavalier** et la **Dame** se séparent et vont chercher, l'un une **Dame**, l'autre un **Cavalier**.— (*Le Rond se referme toujours chaque fois qu'une nouvelle personne est choisie.*)— *Au nouveau signal,* le premier **Cav.** et la première **Dame** sortent du rond et le **Cav.** et la **Dame** restants choisissent à leur tour une **Dame** et un **Cav.**.— Et ainsi de suite.

Le Colimaçon.

Promenade générale et grand rond. — Le **Cavalier Conducteur** quitte la main de la **Dame** qui est à sa gauche et entre au milieu du rond. (*Tout le monde doit avoir soin de ne pas se quitter les mains.*)— La **Dame** qui est à l'autre extrémité de la **Chaîne**, tourne à droite pour l'enfermer. — Le **Cav. Cond.** se baisse alors et passe, en entraînant tout le monde, sous les bras des personnes qui l'entourent.— La **Chaîne** se développe et se termine par une **Valse générale**.

Le Labyrinthe.

Même figure que la précédente.— Seulement on a soin de ménager entre les circuits de la **Chaîne** un certain espace.— Chaque **Couple**, se trouvant à son tour au milieu, valse successivement tout le long de cette ligne circulaire et vient se placer à l'extrémité.— **Valse générale**.

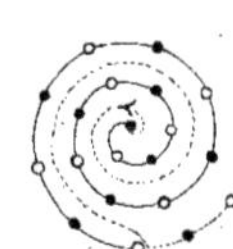

L'Allée tournante. N.º 1

Promenade générale. — Les Dames se donnent les mains en rond, et la figure tournée, en dehors. — Les Cavaliers se placent en face de leurs Dames et en rond. — Chaque Couple, successivement, parcourt cette allée tournante en valsant et se place, le Cavalier dans le rond des Dames, la Dame dans le rond des Cavaliers. — Valse générale

N.º 2.

Promenade générale. — *Au signal donné*, chaque Cavalier se tourne en face de sa Dame. — Le Cav. Cond. fait passer à la place de leurs Dames, les Cavaliers des 2.ᵐᵉ 4.ᵐᵉ 6.ᵐᵉ Couples etc. — Les Cavaliers se donnent les mains par dessus. (*main droite en main droite, main gauche en main gauche*); le premier et le dernier Cav. se rejoignent — *Au nouveau signal*, les Cavaliers lèvent les bras, les Dames se prennent par les mains et tournent rapidement — Valse générale quand chaque Dame retrouve son Cavalier.

L' Allée couverte.

Promenade générale. — Les Cavaliers et les Dames forment deux lignes vis-à-vis — Le Cav. Cond. fait passer les Cavaliers des Couples pairs à la place de leurs Dames — Les Cav. se donnent les mains par dessous; les Dames se donnent les mains par dessus et lèvent les bras. — Le Cav. Cond. entraine rapidement la chaîne des Cavaliers et vient remonter toute la ligne des Dames. — Valse générale

Les Zigzags.

Six Couples qui se placent les uns derrière les autres en laissant entre chacun d'eux un certain espace — Le Cavalier Conducteur valse successivement autour de chaque Couple jusqu'au dernier derrière lequel il s'arrête — Les autres Cavaliers répètent à leur tour la même figure.

Le Cotillon se termine quelquefois par une promenade générale à la suite de laquelle chaque Couple passe en s'inclinant devant la maîtresse de la maison.

J'ai indiqué les principales figures que l'on fait le plus habituellement dans un Cotillon de valse. Il était impossible de les donner toutes à cause de leur diversité et des légères modifications qui distinguent certaines d'entr'elles. Du reste on ne sera jamais embarrassé dans l'exécution de figures nouvelles qui doivent toutes rentrer plus ou moins dans celles qui se trouvent indiquées dans cet Album.

Je n'ai parlé que du Cotillon de valse. L'usage en est si universellement reçu qu'il eût été superflu de m'occuper de certaines figures particulières à la Polka ou à d'autres danses.